Yo soy tu amigo

María Furquet
ilustrado por Jo Parry

Yo soy tu amigo.
Me gusta la canica.
Toma la canica, amigo.

Yo soy tu amigo.
Me gusta el lodo.
Toma el lodo, amigo.

Yo soy tu amiga.
Me gusta la cometa.
Toma la cometa, amiga.

Yo soy tu amigo.
Yo leo.
Lee a mi lado, amigo.

Yo soy tu amiga.
Me gusta la maraca.
Toma la maraca, amiga.

Yo soy tu amigo.
Me gusta la papaya.
Toma la papaya, amigo.

¡Yo soy tu amigo!